Welcome Baby

Guests

NAME AND RELATIONSHIP TO PARENTS

_____

_____

ADVICE FOR PARENTS

_____

_____

_____

WISHES FOR BABY

_____

_____

_____

Baby Predictions

DATE OF BIRTH: _____

RESEMBLANCES

TIME OF BIRTH: _____

MOM ⬡ DAD ⬡

WEIGHT: _____ HEIGHT: _____

NAME: _____

I HOPE THE BABY GETS:

MOM'S: DAD'S:

_____ _____

_____ _____

_____ _____

Guests

NAME AND RELATIONSHIP TO PARENTS

_____

_____

ADVICE FOR PARENTS

_____

_____

_____

WISHES FOR BABY

_____

_____

_____

Baby Predictions

DATE OF BIRTH:_____

RESEMBLANCES

TIME OF BIRTH: _____

MOM ⭐   DAD ⭐

WEIGHT: _____   HEIGHT:_____

NAME: _____

I HOPE THE BABY GETS:

MOM'S: _____   DAD'S: _____

_____   _____

_____   _____

_____   _____

Guests

NAME AND RELATIONSHIP TO PARENTS

_____

_____

ADVICE FOR PARENTS

_____

_____

_____

WISHES FOR BABY

_____

_____

_____

Baby Predictions

DATE OF BIRTH: _____

RESEMBLANCES

TIME OF BIRTH: _____

MOM   DAD

WEIGHT: _____   HEIGHT: _____

NAME: _____

I HOPE THE BABY GETS:

MOM'S: DAD'S:

_____   _____

_____   _____

_____   _____

Guests

NAME AND RELATIONSHIP TO PARENTS

_____

_____

ADVICE FOR PARENTS

_____

_____

_____

WISHES FOR BABY

_____

_____

_____

Baby Predictions

DATE OF BIRTH: _____

RESEMBLANCES

TIME OF BIRTH: _____

MOM   ⬭   DAD   ⬭

WEIGHT: _____   HEIGHT: _____

NAME: _____

I HOPE THE BABY GETS:

MOM'S: DAD'S:

_____   _____

_____   _____

_____   _____

Guests

NAME AND RELATIONSHIP TO PARENTS

_____

_____

ADVICE FOR PARENTS

_____

_____

_____

WISHES FOR BABY

_____

_____

_____

Baby Predictions

DATE OF BIRTH: _____

RESEMBLANCES

TIME OF BIRTH: _____

MOM ⭐ DAD ⭐

WEIGHT: _____   HEIGHT: _____

NAME: _____

I HOPE THE BABY GETS:

MOM'S: _____   DAD'S: _____

_____   _____

_____   _____

Guests

NAME AND RELATIONSHIP TO PARENTS

_____

_____

ADVICE FOR PARENTS

_____

_____

_____

WISHES FOR BABY

_____

_____

_____

Baby Predictions

DATE OF BIRTH: _____

RESEMBLANCES

TIME OF BIRTH: _____

MOM ☁ DAD ☁

WEIGHT: _____   HEIGHT: _____

NAME: _____

I HOPE THE BABY GETS:

MOM'S: DAD'S:

_____   _____

_____   _____

_____   _____

Guests

NAME AND RELATIONSHIP TO PARENTS

_____

_____

ADVICE FOR PARENTS

_____

_____

_____

WISHES FOR BABY

_____

_____

_____

Baby Predictions

DATE OF BIRTH: _____

RESEMBLANCES

TIME OF BIRTH: _____

MOM 　　　　　DAD

WEIGHT: _____　　　HEIGHT: _____

NAME: _____

I HOPE THE BABY GETS:

MOM'S:　　　　　　　　　DAD'S:

_____　　　_____

_____　　　_____

_____　　　_____

Guests

NAME AND RELATIONSHIP TO PARENTS

_____

_____

ADVICE FOR PARENTS

_____

_____

_____

WISHES FOR BABY

_____

_____

_____

Baby Predictions

DATE OF BIRTH: _____

RESEMBLANCES

MOM ⭐   DAD ⭐

TIME OF BIRTH: _____

WEIGHT: _____   HEIGHT: _____

NAME: _____

I HOPE THE BABY GETS:

MOM'S: DAD'S:

_____   _____

_____   _____

_____   _____

Guests

NAME AND RELATIONSHIP TO PARENTS

_____

_____

ADVICE FOR PARENTS

_____

_____

_____

WISHES FOR BABY

_____

_____

_____

Baby Predictions

DATE OF BIRTH: _____

TIME OF BIRTH: _____

RESEMBLANCES

MOM ⭐ DAD ⭐

WEIGHT: _____ HEIGHT: _____

NAME: _____

I HOPE THE BABY GETS:

MOM'S:

_____

_____

_____

DAD'S:

_____

_____

_____

Guests

NAME AND RELATIONSHIP TO PARENTS

_____

_____

ADVICE FOR PARENTS

_____

_____

_____

WISHES FOR BABY

_____

_____

_____

Baby Predictions

DATE OF BIRTH: _____

RESEMBLANCES

TIME OF BIRTH: _____

MOM ⭐   DAD ⭐

WEIGHT: _____   HEIGHT: _____

NAME: _____

I HOPE THE BABY GETS:

MOM'S: _____   DAD'S: _____

_____   _____

_____   _____

_____   _____

Guests

NAME AND RELATIONSHIP TO PARENTS

_____

_____

ADVICE FOR PARENTS

_____

_____

_____

WISHES FOR BABY

_____

_____

_____

Baby Predictions

DATE OF BIRTH:_____

TIME OF BIRTH: _____

WEIGHT: _____

HEIGHT:_____

NAME: _____

RESEMBLANCES

MOM   DAD

I HOPE THE BABY GETS:

MOM'S: DAD'S:

_____   _____

_____   _____

_____   _____

Guests

NAME AND RELATIONSHIP TO PARENTS

_____

_____

ADVICE FOR PARENTS

_____

_____

_____

WISHES FOR BABY

_____

_____

_____

Baby Predictions

DATE OF BIRTH: _____

TIME OF BIRTH: _____

RESEMBLANCES

MOM ☁   DAD ☁

WEIGHT: _____   HEIGHT: _____

NAME: _____

I HOPE THE BABY GETS:

MOM'S: DAD'S:

_____   _____

_____   _____

_____   _____

Guests

NAME AND RELATIONSHIP TO PARENTS

_____

_____

ADVICE FOR PARENTS

_____

_____

_____

WISHES FOR BABY

_____

_____

_____

Baby Predictions

DATE OF BIRTH: _____

RESEMBLANCES

TIME OF BIRTH: _____

MOM ☁ DAD ☁

WEIGHT: _____   HEIGHT: _____

NAME: _____

I HOPE THE BABY GETS:

MOM'S: DAD'S:

_____   _____

_____   _____

_____   _____

Guests

NAME AND RELATIONSHIP TO PARENTS

_____

_____

ADVICE FOR PARENTS

_____

_____

_____

WISHES FOR BABY

_____

_____

_____

Baby Predictions

DATE OF BIRTH: _____

RESEMBLANCES

TIME OF BIRTH: _____

MOM ⭐   DAD ⭐

WEIGHT: _____   HEIGHT: _____

NAME: _____

I HOPE THE BABY GETS:

MOM'S: DAD'S:

_____   _____

_____   _____

_____   _____

Guests

NAME AND RELATIONSHIP TO PARENTS

_____

_____

ADVICE FOR PARENTS

_____

_____

_____

WISHES FOR BABY

_____

_____

_____

Baby Predictions

DATE OF BIRTH: _____

RESEMBLANCES

TIME OF BIRTH: _____

MOM 　　　　　　　DAD

WEIGHT: _____　　HEIGHT: _____

NAME: _____

I HOPE THE BABY GETS:

MOM'S:　　　　　　　　　DAD'S:

_____　　_____

_____　　_____

_____　　_____

Guests

NAME AND RELATIONSHIP TO PARENTS

_____

_____

ADVICE FOR PARENTS

_____

_____

WISHES FOR BABY

_____

_____

_____

Baby Predictions

DATE OF BIRTH:_____

RESEMBLANCES

TIME OF BIRTH:_____

MOM ☆   DAD ☆

WEIGHT: _____   HEIGHT:_____

NAME: _____

I HOPE THE BABY GETS:

MOM'S: DAD'S:

_____   _____

_____   _____

_____   _____

Guests

NAME AND RELATIONSHIP TO PARENTS

_____

_____

ADVICE FOR PARENTS

_____

_____

_____

WISHES FOR BABY

_____

_____

_____

Baby Predictions

DATE OF BIRTH: _____   RESEMBLANCES

TIME OF BIRTH: _____   MOM   DAD

WEIGHT: _____   HEIGHT: _____

NAME: _____

I HOPE THE BABY GETS:

MOM'S: DAD'S:

_____   _____

_____   _____

_____   _____

Guests

NAME AND RELATIONSHIP TO PARENTS

_____

_____

ADVICE FOR PARENTS

_____

_____

_____

WISHES FOR BABY

_____

_____

_____

Baby Predictions

DATE OF BIRTH: _____

RESEMBLANCES

TIME OF BIRTH: _____

MOM ⭐   DAD ⭐

WEIGHT: _____   HEIGHT: _____

NAME: _____

I HOPE THE BABY GETS:

MOM'S: DAD'S:

_____   _____

_____   _____

_____   _____

Guests

NAME AND RELATIONSHIP TO PARENTS

_____

_____

ADVICE FOR PARENTS

_____

_____

_____

WISHES FOR BABY

_____

_____

_____

Baby Predictions

DATE OF BIRTH: _____

RESEMBLANCES

TIME OF BIRTH: _____

MOM ⭐   DAD ⭐

WEIGHT: _____   HEIGHT: _____

NAME: _____

I HOPE THE BABY GETS:

MOM'S: DAD'S:

_____   _____

_____   _____

_____   _____

Guests

NAME AND RELATIONSHIP TO PARENTS

_____

_____

ADVICE FOR PARENTS

_____

_____

_____

WISHES FOR BABY

_____

_____

_____

Baby Predictions

DATE OF BIRTH: _____

RESEMBLANCES

TIME OF BIRTH: _____

MOM ⭐   DAD ⭐

WEIGHT: _____   HEIGHT: _____

NAME: _____

I HOPE THE BABY GETS:

MOM'S: DAD'S:

_____   _____

_____   _____

_____   _____

Guests

NAME AND RELATIONSHIP TO PARENTS

_____

_____

ADVICE FOR PARENTS

_____

_____

_____

WISHES FOR BABY

_____

_____

_____

Baby Predictions

DATE OF BIRTH: _____

RESEMBLANCES

TIME OF BIRTH: _____

MOM ⭐   DAD ⭐

WEIGHT: _____   HEIGHT: _____

NAME: _____

I HOPE THE BABY GETS:

MOM'S: _____   DAD'S: _____

_____   _____

_____   _____

_____   _____

Guests

NAME AND RELATIONSHIP TO PARENTS

_____

_____

ADVICE FOR PARENTS

_____

_____

_____

WISHES FOR BABY

_____

_____

_____

Baby Predictions

DATE OF BIRTH: _____

RESEMBLANCES

TIME OF BIRTH: _____

MOM   DAD

WEIGHT: _____   HEIGHT: _____

NAME: _____

I HOPE THE BABY GETS:

MOM'S: DAD'S:

_____   _____

_____   _____

_____   _____

Guests

NAME AND RELATIONSHIP TO PARENTS

_____

_____

ADVICE FOR PARENTS

_____

_____

_____

WISHES FOR BABY

_____

_____

_____

Baby Predictions

DATE OF BIRTH: _____

RESEMBLANCES

TIME OF BIRTH: _____

MOM ☆   DAD ☆

WEIGHT: _____   HEIGHT: _____

NAME: _____

I HOPE THE BABY GETS:

MOM'S: DAD'S:

_____   _____

_____   _____

_____   _____

Guests

NAME AND RELATIONSHIP TO PARENTS

_____

_____

ADVICE FOR PARENTS

_____

_____

_____

WISHES FOR BABY

_____

_____

_____

Baby Predictions

DATE OF BIRTH: _____

RESEMBLANCES

TIME OF BIRTH: _____

MOM   DAD

WEIGHT: _____   HEIGHT: _____

NAME: _____

I HOPE THE BABY GETS:

MOM'S: DAD'S:

_____   _____

_____   _____

_____   _____

Guests

NAME AND RELATIONSHIP TO PARENTS

_____

_____

ADVICE FOR PARENTS

_____

_____

_____

WISHES FOR BABY

_____

_____

_____

Baby Predictions

DATE OF BIRTH: _____   RESEMBLANCES

MOM   DAD

TIME OF BIRTH: _____

WEIGHT: _____   HEIGHT: _____

NAME: _____

I HOPE THE BABY GETS:

MOM'S: DAD'S:

_____   _____

_____   _____

_____   _____

Guests

NAME AND RELATIONSHIP TO PARENTS

_____

_____

ADVICE FOR PARENTS

_____

_____

_____

WISHES FOR BABY

_____

_____

_____

Baby Predictions

DATE OF BIRTH: _____

RESEMBLANCES

TIME OF BIRTH: _____

MOM ⭐ DAD ⭐

WEIGHT: _____   HEIGHT: _____

NAME: _____

I HOPE THE BABY GETS:

MOM'S: DAD'S:

_____   _____

_____   _____

_____   _____

Guests

NAME AND RELATIONSHIP TO PARENTS

_____

_____

ADVICE FOR PARENTS

_____

_____

_____

WISHES FOR BABY

_____

_____

_____

Baby Predictions

DATE OF BIRTH: _____

TIME OF BIRTH: _____

WEIGHT: _____

NAME: _____

RESEMBLANCES

MOM ⬚   DAD ⬚

HEIGHT: _____

I HOPE THE BABY GETS:

MOM'S: DAD'S:

_____   _____

_____   _____

_____   _____

Guests

NAME AND RELATIONSHIP TO PARENTS

_____

_____

ADVICE FOR PARENTS

_____

_____

_____

WISHES FOR BABY

_____

_____

_____

Baby Predictions

DATE OF BIRTH: _____

RESEMBLANCES

TIME OF BIRTH: _____

MOM   DAD

WEIGHT: _____   HEIGHT: _____

NAME: _____

I HOPE THE BABY GETS:

MOM'S: DAD'S:

_____   _____

_____   _____

_____   _____

Guests

NAME AND RELATIONSHIP TO PARENTS

ADVICE FOR PARENTS

WISHES FOR BABY

Baby Predictions

DATE OF BIRTH: _____

TIME OF BIRTH: _____

RESEMBLANCES

MOM   DAD

WEIGHT: _____   HEIGHT: _____

NAME: _____

I HOPE THE BABY GETS:

MOM'S: DAD'S:

_____   _____

_____   _____

_____   _____

Guests

NAME AND RELATIONSHIP TO PARENTS

_____

_____

ADVICE FOR PARENTS

_____

_____

WISHES FOR BABY

_____

_____

_____

Baby Predictions

DATE OF BIRTH: _____

RESEMBLANCES

TIME OF BIRTH: _____

MOM ⬠   DAD ⬠

WEIGHT: _____   HEIGHT: _____

NAME: _____

I HOPE THE BABY GETS:

MOM'S: DAD'S:

_____   _____

_____   _____

_____   _____

Guests

NAME AND RELATIONSHIP TO PARENTS

_____

_____

ADVICE FOR PARENTS

_____

_____

_____

WISHES FOR BABY

_____

_____

_____

Baby Predictions

DATE OF BIRTH: _____

RESEMBLANCES

TIME OF BIRTH: _____

MOM ⭐   DAD ⭐

WEIGHT: _____   HEIGHT: _____

NAME: _____

I HOPE THE BABY GETS:

MOM'S: DAD'S:

_____   _____

_____   _____

_____   _____

Guests

NAME AND RELATIONSHIP TO PARENTS

_____

_____

ADVICE FOR PARENTS

_____

_____

_____

WISHES FOR BABY

_____

_____

_____

Baby Predictions

DATE OF BIRTH: _____

RESEMBLANCES

TIME OF BIRTH: _____

MOM ☆ DAD ☆

WEIGHT: _____   HEIGHT: _____

NAME: _____

I HOPE THE BABY GETS:

MOM'S: DAD'S:

_____   _____

_____   _____

_____   _____

Guests

NAME AND RELATIONSHIP TO PARENTS

_____

_____

ADVICE FOR PARENTS

_____

_____

_____

WISHES FOR BABY

_____

_____

_____

Baby Predictions

DATE OF BIRTH: _____

TIME OF BIRTH: _____

RESEMBLANCES

MOM ⬠   DAD ⬠

WEIGHT: _____   HEIGHT: _____

NAME: _____

I HOPE THE BABY GETS:

MOM'S: _____   DAD'S: _____

_____   _____

_____   _____

Guests

NAME AND RELATIONSHIP TO PARENTS

ADVICE FOR PARENTS

WISHES FOR BABY

Baby Predictions

DATE OF BIRTH: _____

RESEMBLANCES

TIME OF BIRTH: _____

MOM ⭐   DAD ⭐

WEIGHT: _____   HEIGHT: _____

NAME: _____

I HOPE THE BABY GETS:

MOM'S: _____   DAD'S: _____

_____   _____

_____   _____

Guests

NAME AND RELATIONSHIP TO PARENTS

_____

_____

ADVICE FOR PARENTS

_____

_____

WISHES FOR BABY

_____

_____

_____

Baby Predictions

DATE OF BIRTH: _____

RESEMBLANCES

TIME OF BIRTH: _____

MOM ⭐ DAD ⭐

WEIGHT: _____ HEIGHT: _____

NAME: _____

I HOPE THE BABY GETS:

MOM'S:

DAD'S:

_____

_____

_____

_____

_____

_____

Guests

NAME AND RELATIONSHIP TO PARENTS

ADVICE FOR PARENTS

WISHES FOR BABY

Baby Predictions

DATE OF BIRTH: _____

RESEMBLANCES

TIME OF BIRTH: _____

MOM ⭐ DAD ⭐

WEIGHT: _____

HEIGHT: _____

NAME: _____

I HOPE THE BABY GETS:

MOM'S:

DAD'S:

_____

_____

_____

_____

_____

_____

Guests

NAME AND RELATIONSHIP TO PARENTS

_____

_____

ADVICE FOR PARENTS

_____

_____

WISHES FOR BABY

_____

_____

_____

Baby Predictions

DATE OF BIRTH: _____

TIME OF BIRTH: _____

RESEMBLANCES

MOM   DAD

WEIGHT: _____   HEIGHT: _____

NAME: _____

I HOPE THE BABY GETS:

MOM'S: DAD'S:

_____   _____

_____   _____

_____   _____

Guests

NAME AND RELATIONSHIP TO PARENTS

_____

_____

ADVICE FOR PARENTS

_____

_____

_____

WISHES FOR BABY

_____

_____

_____

Baby Predictions

DATE OF BIRTH: _____

TIME OF BIRTH: _____

WEIGHT: _____

NAME: _____

RESEMBLANCES

MOM ☆ DAD ☆

HEIGHT: _____

I HOPE THE BABY GETS:

MOM'S:

_____

_____

_____

DAD'S:

_____

_____

_____

Guests

NAME AND RELATIONSHIP TO PARENTS

_____

_____

ADVICE FOR PARENTS

_____

_____

_____

WISHES FOR BABY

_____

_____

_____

Baby Predictions

DATE OF BIRTH: _____

TIME OF BIRTH: _____

RESEMBLANCES

MOM

DAD

WEIGHT: _____   HEIGHT: _____

NAME: _____

I HOPE THE BABY GETS:

MOM'S:

DAD'S:

_____   _____

_____   _____

_____   _____

Guests

NAME AND RELATIONSHIP TO PARENTS

_____

_____

ADVICE FOR PARENTS

_____

_____

_____

WISHES FOR BABY

_____

_____

_____

Baby Predictions

DATE OF BIRTH: _____

RESEMBLANCES

TIME OF BIRTH: _____

MOM   DAD

WEIGHT: _____ HEIGHT: _____

NAME: _____

I HOPE THE BABY GETS:

MOM'S: DAD'S:

_____ _____

_____ _____

_____ _____

-Gift Log-

GIFT RECIEVED

GIVEN BY:

_____   _____

_____   _____

_____   _____

_____   _____

_____   _____

_____   _____

_____   _____

_____   _____

_____   _____

_____   _____

-Gift Log-

GIFT RECIEVED	GIVEN BY:

-Gift Log-

GIFT RECIEVED	GIVEN BY:
_____	_____
_____	_____
_____	_____
_____	_____
_____	_____
_____	_____
_____	_____
_____	_____
_____	_____

-Gift Log-

GIFT RECIEVED

GIVEN BY:

-Gift Log-

GIFT RECIEVED	GIVEN BY:

Made in United States
Orlando, FL
26 October 2024

53105350R00064